CARTILHA BRASILEIRA
DE
FUTEBOL E FUTSAL

Dados Internacionais de Catalogação na Publicação (CIP)
(Câmara Brasileira do Livro, SP, Brasil)

Lopes, Alexandre Apolo da Silveira Menezes
　Cartilha brasileira de futebol e futsal /
Alexandre Apolo da Silveira Menezes Lopes. --
1. ed. -- São Paulo : Ícone, 2010.

　Bibliografia
　ISBN 978-85-274-1085-4

　1. Futebol 2. Futebol - Estudo e ensino
3. Futebol de salão 4. Futebol de salão - Estudo
e ensino I. Título.

10-01319
　　　　　　　　　　　　　　　　　CDD-796.33407
　　　　　　　　　　　　　　　　　　-796.334807

Índices para catálogo sistemático:

1. Futebol : Estudo e ensino　796.33407
2. Futsal : Estudo e ensino　796.334807

Ms. Alexandre Apolo da Silveira Menezes Lopes

CARTILHA BRASILEIRA DE FUTEBOL E FUTSAL

1ª edição
Brasil – 2010

© Copyright 2010
Ícone Editora Ltda.

Ilustrações
José Roberto Pereira

Diagramação e Capa
Richard Veiga

Revisão
Marsely De Marco Dantas

Proibida a reprodução total ou parcial desta obra, de qualquer forma ou meio eletrônico, mecânico, inclusive através de processos xerográficos, sem permissão expressa do editor. (Lei nº 9.610/98)

Todos os direitos reservados para:
ÍCONE EDITORA LTDA.
Rua Anhanguera, 56 – Barra Funda
CEP: 01135-000 – São Paulo/SP
Fone/Fax.: (11) 3392-7771
www.iconeeditora.com.br
iconevendas@iconeeditora.com.br

FOLHA DE APROVAÇÃO

A presente obra foi aprovada e recomendada pelo conselho editorial a sua publicação na forma atual.

CONSELHO EDITORIAL

    Prof. Dr. Antônio Carlos Mansoldo (USP – SP)
    Prof. Dr. Jefferson da Silva Novaes (UFRJ – RJ)
    Prof. Dr. José Fernandes Filho (UFRJ – RJ)
    Prof. Dr. Rodolfo Alkmim M. Nunes (UCB – RJ)
    Profa. Dra. Luana Ruff do Vale (UFRJ – RJ)
    Prof. Dr. Miguel Arruda (Unicamp – SP)
    Prof. Dr. Edil Luis Santos (COOPE / UFRJ – RJ)
    Prof. Dr. Daniel Alfonso Botero Rosas (PUC – Colômbia)
    Prof. Dr. Vitor Machado Reis (UTAD – Portugal)
    Prof. Dr. Carlos Eduardo Brasil Neves (Unesa – RJ)
    Prof. M.Sc. Aldair José de Oliveira (UERJ – RJ)
    Prof. Dr. Antônio José Rocha Martins da Silva (UTAD – Portugal)
    Prof. Dr. Paulo Moreira da Silva Dantas (UFRN – RN)
    Prof. Dr. Fernando Roberto de Oliveira (UFL – MG)
    Prof. Dr. José Henrique do Santos (UFRRJ – RJ)
    Prof.Dr. André Gomes (Unesa – RJ)
    Profa. Dra. Cynthia Tibeau (Uniban – SP)
    Profa. Dra. Fabiana Scartoni (UCP – RJ)
    Prof. M.Sc. Andre Fernandes (CREF)
    Prof. M.Sc. Fabiano Pinheiro Peres (USF – SP)
    Prof. M.Sc. Alexandre F. Machado (Uniban – SP)

O AUTOR

MS. ALEXANDRE APOLO DA SILVEIRA MENEZES LOPES

Professor de Educação Física formado pela FEFIS –Santos-SP, é Mestre em Educação Física pela Universidade São Judas Tadeu-SP; Pedagogo; Pós--Graduado em Metodologia e Didática e também Pós-Graduado em Treinamento de Modalidades Esportivas pela USP; Especialista em Futebol pela FEFISA e Técnico de Futsal formado pela F.P.F.S.; é autor de três livros na área esportiva, com repercussão Internacional: A Criança e o Adolescente no Esporte; Futsal – Metodologia e Didática na Aprendizagem e Método Integrado de Ensino no Futebol, todos da Phorte Editora-SP.

Professor palestrante em diversos Congressos Nacionais e Internacionais; professor convidado do curso de Pós Graduação em Futebol do Instituto Wanderley Luxemburgo; Professor do Curso de Pós Graduação em Educação Física Escolar da UNINOVE; Pesquisador na área de Intervenções Pedagógicas na Educação Física e Esporte.

Condecorado em 2006 pela Ordem dos Parlamentares do Brasil – OPB – com a Medalha Dr. Ulysses Guimares por colaborar para a divulgação da cultura brasileira no exterior.

Profissional do Ano – 2007, eleito pelo CREF/SP com a mais expressiva votação de todo o Estado de São Paulo (2.027 votos); Prêmio Personalidade Brasileira do Ano – 2008 na Educação Esportiva pelo Centro de Integração Cultural e Empresarial de São Paulo – CICESP.

Professor brasileiro escolhido pela Mother Adversiting LTD, da Inglaterra para dar depoimentos sobre a relação dos adolescentes brasileiros com o esporte para o "Olympics Documentary" a ser veiculado nas Olimpíadas de Londres 2012.

DEDICATÓRIA

À toda minha família pelo carinho e pelo bem mais precioso que me foi dado: a oportunidade à boa Educação;

À minha esposa Andrea Rodrigues Nallo pelo amor e compreensão à dedicada vida que tenho como professor.

AGRADECIMENTOS

Ao Grande Arquiteto do Universo;

Ao meu saudoso avô Odair que em 1976, preocupado com minhas molecagens e sumiços na rua montou um campinho de futebol no terreno de sua empresa para que eu pudesse crescer seguramente rodeado de amigos, para hoje contar algumas boas histórias;

Ao garoto Apolinho, eterno menino que vive em mim a narrar as histórias do passado;

Ao amigo de infância Vandercleido que tantas alegrias viveu comigo no campinho de futebol, e que tão cedo partiu, vítima da violência. Agora aqui imortalizado nas histórias;

Ao amigo Golberino que se perdeu pelo mundo mas que será eterno na minha recordação, no meu coração e no universo das histórias de minha infância;

Ao meu ex-aluno Gesunfânio que vi crescer e inspirou um dos personagens;

Ao amigo Oscar Roberto Godoi, sempre alegre e presente. O irmão que pude escolher;

Ao Mestre Alexandre Fernandes Machado, grande incentivador desta Cartilha, parceiro de trabalho nos Congressos por este Brasil.

À minha parceira de pesquisa Profa. Dra. Sheila Aparecida Pereira dos Santos Silva que percorreu parte da estrada dirigindo, organizando e dando um bom rumo às minhas ideias;

Aos alunos e ex-alunos que tenham convivido comigo seja um dia ou mesmo alguns anos, o meu muito obrigado pela oportunidade de aprender enquanto ensino, sempre.

***

"Cada criança que se ensina é um adulto que se conquista."

Victor Hugo
1548-1600

SUMÁRIO

1. Introdução, **11**

2. Como surgiram os métodos de ensino e treinamento do futebol e futsal, **13**

3. Discutindo cada método específico do futebol e do futsal, **16**
    3.1. Global, **16**
    3.2. Analítico, **17**
    3.3. Analítico associado aos diversos fatores, **18**
    3.4. Integrado, **18**
        3.4.1. Formas Jogadas, **19**
        3.4.2. Jogos Reduzidos, **19**
        3.4.3. Jogos Modificados, **19**
        3.4.4. Compreendendo melhor esses jogos, **20**

4. Discutindo métodos não específicos ao futebol e futsal, porém de grande valia no trabalho formativo, **21**
    4.1. Método cooperativo, **21**
    4.2. Método recreativo, **22**

5. As fases de desenvolvimento no futebol e no futsal, **23**
    5.1. Crianças entre 05 e 06 anos de idade, **24**
    5.2. Crianças entre 07 e 12 anos de idade, **24**
    5.3. Jovens de 13 a 17 anos de idade, **25**
    5.4. A partir de 18 anos de idade, **25**

6. Preceitos de desenvolvimento humano que regem as fases de desenvolvimento no futebol e no futsal, **26**

7. Aprendendo com o Apolinho, **31**
    7.1. Mandamento um: *Brigar jamais*, **36**
    7.2. Mandamento dois: *Estudar é muito bom*, **39**
    7.3. Mandamento três: *Ser solidário é fundamental*, **43**
    7.4. Mandamento quatro: *Ser o mesmo dentro e fora de campo é importante*, **45**
    7.5. Mandamento cinco: *Ser pontual é um bom exemplo*, **47**
    7.6. Mandamento seis: *Se alimentar bem é necessário*, **49**
    7.7. Mandamento sete: *Cuidar da saúde é preciso*, **52**
    7.8. Mandamento oito: *Conhecer e respeitar as leis de trânsito é legal*, **56**
    7.9. Mandamento nove: *Compreender e respeitar as diferenças religiosas é muito importante*, **59**
    7.10. Mandamento dez: *Respeitar a diversidade racial é importantíssimo*, **61**

8. Bibliografia, **63**

1. INTRODUÇÃO

Face vivenciarmos o maior período já visto da pormenorização e discussão dos estudos que envolvem o ensino de futebol e futsal. E ainda que com objetivo de melhor explicar os problemas mais complexos advindos de práticas de ensino e treinamentos inadequados desenvolvidos no século passado, firmamos a nossa grande preocupação e nosso compromisso em constituir um excelente estudo para o trabalho de base, convergente, sobretudo com a Ciência. É por isso nossa preocupação, nesta cartilha, em dar subsídios metodológicos suficientes para atualizar os inúmeros profissionais que lidam diariamente com crianças e adolescentes no ensino e treinamento do Futebol e do Futsal.

Hoje, com a consagração do trabalho de escolinhas de futebol/futsal, em órgãos públicos, em clubes e ainda em sistema de franquias, a edição desta Cartilha não somente consolida uma metodologia de ensino apropriada para as faixas etárias em questão, baseada nos estudos científicos mais recentes, mas, sobretudo aponta os caminhos metodológicos mais adequados que professores devem seguir de modo a colaborar significativamente para a melhora de suas práticas no ensino dessas duas modalidades. Desta forma, o Esporte, mais uma vez dá um passo à frente, tendo editado este trabalho inovador que serve de referência para milhares de escolas de futebol e futsal do Brasil e do mundo.

Nenhuma outra cartilha no mundo discutiu, ou discute, tão a fundo os aspectos metodológicos que envolvem o ensino e o bom treinamento do futebol e do futsal para crianças e adolescentes. A preocupação desta cartilha na sua primeira parte, em síntese, está principalmente em proporcionar o ensino de qualidade do futebol e futsal com respeito aos preceitos de desenvolvimento humano que regem o Esporte na infância e adolescência; bem como colaborar para a sonhada, e ainda tão difícil, erradicação da especialização precoce, problema por demais complexo advindo do século passado, que tanto mal ainda causa ao trabalho de base no futebol e no futsal; proporcionar ainda um ensino rico em conteúdos e métodos, motivador e em longo prazo é o objetivo principal deste trabalho.

As histórias que compõe a segunda parte desta cartilha, ilustradas pelo personagem professor "Apolinho", referem-se às vivências reais do Professor Apolo durante sua infância e, também, seus mais de vinte anos como professor e técnico de futebol e futsal, em comunidades carentes e clubes e têm o objetivo de oferecer oportunidade ao professor em relação a leitura, o desenho, a pintura e, sobretudo permite gerar discussão entre os alunos. Como forma de explorar as inteligências múltiplas, teoria tão discutida neste novo século, ressaltada por Gardner (2002). A partir disso também, pretende-se colaborar para despertar nas crianças os valores básicos para a vida em comum, como por exemplo; o respeito mútuo, a boa educação e o cultivo da boa saúde e dos bons hábitos.

Reunimos neste estudo o encontro da Prática com a Ciência e lidimamos a importância de caminharem juntas. Esperamos assim colaborar e oferecer oportunidades para que o futebol e o futsal se desenvolvam nas suas mais diversas formas nos mais diversos centros de maneira adequada e respeitosa às crianças e adolescentes, colaborando significativamente para o pleno desenvolvimento humano por intermédio do esporte. A contribuição deste trabalho é, portanto, inestimável para o mundo do esporte, mais especificamente para o mundo do futebol e do futsal.

Ms. Alexandre Apolo da Silveira Menezes Lopes

2. COMO SURGIRAM OS MÉTODOS DE ENSINO E TREINAMENTO DO FUTEBOL E FUTSAL

As duas modalidades seguiram uma mesma trajetória histórica uma vez que a evolução dos Jogos Desportivos Coletivos – JDC é uma só. Compreendemos assim que os métodos são os mesmos, apesar das especificidades de cada modalidade esportiva.

Quando surgiu o Futebol não se fazia nada mais além de jogar. Jogava-se, automaticamente treinava-se. Este período, caracterizado por Silva (1985) como **global**, persistiu durante um bom tempo e nem por isso deixaram de existir os craques e jogadores importantes para a época.

A necessidade de treinar apareceu nos anos cinquenta do século passado, quando começou a se achar que detalhes técnicos deveriam ser treinados a parte como forma de melhorar a performance em jogo. Desta forma, surgia o segundo período, denominado **analítico,** em que o treinamento era compartimentado.

Esta necessidade de treinar separadamente alguns aspectos, com o passar dos anos foi aumentado e assim começaram a ser treinados também os aspectos físicos e táticos, principalmente, além de levar em consideração também o treinamento mental, psicológico e alimentar. Esta forma, ainda mais compartimentada de treinamento, deu origem ao terceiro período denominado **analítico associado aos diversos fatores**. Por um bom período entre os anos setenta e noventa do século passado, no Brasil, por não existirem ainda discussões científicas mais aprofundadas sobre o tema, muitas crianças e adolescentes foram erroneamente expostas a este método que hoje sabemos ser impróprio para o treinamento nas categorias menores. Fato este, que sob o ponto de vista da formação de talentos precoces para o esporte, levou, e leva, o Brasil a ser o principal exportador de jogadores de futebol para o mundo. Tal fato, porém, pode estar diretamente associado ao fato de os jovens atletas brasileiros terem acelerado o processo das principais lesões do esporte que de certo não deveriam se dar tão facilmente entre os vinte e três e vinte seis anos de idade; exatamente a idade em que o atleta atinge o pico de sua performance física, técnica e mental.

Durante os anos oitenta do século passado, surgiram as primeiras discussões sobre o fato de que treinar capacidades de forma separada, tentando-se juntar tudo em jogo era ineficiente para o ensino e, sobretudo, para o treinamento, uma vez que as capacidades eram treinadas de forma isoladas e não correspondiam às necessidades do jogo (RAMOS, 1998). Também começou a cogitar-se entre diversos autores que crianças e jovens não deveriam treinar desta forma (Proença, 1982; Villar, 1983; Zerhouni s.d.). Começava assim o período denominado **integrado** que em síntese era caracterizado pelo treinamento que se aproximava à realidade de jogo por intermédio de jogos educativos.

Até então, treinar e aprender o futebol parecia uma só unidade, porém, os primeiros autores a retratar um método de ensino mais apropriado para crianças e jovens, capaz de levar em conta seus períodos de maturação diversos e sem a principal preocupação com o resultado significativo e a performance de alto nível, foram Bunker e Thorpe (1982). A partir deste novo século, porém, com a facilitação da comunicação e aumento sugestivo das pesquisas em Educação Física, conseguiu-se estabelecer uma ideia baseada em preceitos de desenvolvimento humanos, sobretudo, sobre o que é mais adequado para crianças e jovens no esporte. A constatação do Método Integrado de Ensino por Lopes e Silva (2006), demonstra não somente a importância do Método Integrado de Ensino para o Futebol e demais modalidades dos JDC, mas, sobretudo, também a importância dos diversos outros métodos existentes (específicos ou não do futebol) como forma de permitir a aplicação de um universo rico de conteúdos diversos – dos diversos métodos – pensando na formação de um ser mais completo para o Esporte e para a vida.

Conhecer neste caso cada método e aquilo que pode cada um deles somar no desenvolvimento humano por meio do esporte é dever de qualquer professor de futebol, bem como é importante que qualquer pai que tenha o seu filho no esporte, também saiba que houve na última década uma grande evolução dos estudos nesta área de pesquisa intitulada **Intervenções Pedagógicas na Educação Física e Esporte** – capaz de colaborar significativamente para a plena formação esportiva com respeito à natural maturação de crianças e jovens durante o processo educativo.

3. DISCUTINDO CADA MÉTODO ESPECÍFICO DO FUTEBOL E DO FUTSAL

Cada método específico de futebol tem seu momento e razão de existir. Desta forma, todos são importantes em suas devidas proporções.

3.1. GLOBAL

Devemos compreender a importância e grandeza do apenas jogar, antes de imaginar que este método possa ser ineficiente – o que não é verdade.

O ensino de futebol não começa efetivamente nas escolinhas de futebol. Crianças jogam futebol em todos os espaços possíveis – praças, ruas, salões, quadras de conjuntos residenciais, campinhos de bairro, praias, etc. Numa prática não intencional, ou seja, sem a presença e atuação efetiva de um profissional de Educação Física. Constatamos assim, que esta fase tem suas vantagens e desvantagens. Ao mesmo tempo em que a criança se torna mais esperta por praticar um esporte cujas regras não são apropriadamente as oficiais – na maioria construídas por elas mesmas – encontram-se sujeitas às leis do mais forte e a violência sem fronteiras. Também têm oportunidade ao pleno desenvolvimento de habilidades diversas utilizando bolas de tamanhos, pesos e materiais variados que vão desde bolas feitas com meias e papel, até plástico, borracha, couro e etc. Além do fato de jogarem calçadas e também descalças e desfrutarem de campos com pisos diversos, desde cimento e asfalto até areia e barro. Experiências em que vivencia o desenvolver de suas habilidades sem uma vigilância profissional, sujeita à comum violência mais efetiva em jogo tanto quanto a diversas – e impossíveis de numerar – vivências. Também fica sujeita à indisciplina que pouco combina com as regras oficiais do esporte. Desta forma, podemos compreender que esta fase é extremamente importante para a formação esportiva e principalmente, para a construção do jogador de futebol profissional.

Isso nos mostra, logo de cara, que não há um sistema que seja mais efetivo ou mais apropriado para o ensino de futebol, levando em conta as diversas realidades existentes no país. A importância da prática não intencional deve ser levada em consideração tanto quanto à pratica intencional. O Brasil parece ter desenvolvido assim um sistema cultural próprio de formação de craques e esta discussão parece não ter fim nela mesma.

Logicamente, que uma vez frequentando uma escolinha de futebol ou futsal e existindo um profissional policiando a prática, não se vai somente jogar apenas por jogar o tempo todo (uma vez que há todo um planejamento metodológico para o ensino das modalidades), mas entende-se que a fase GLOBAL existe na vida de qualquer criança, seja quando está com colegas em seu bairro; seja na escola durante os intervalos ou recreios escolares. Compreendemos desta forma, que uma boa formação depende das vivências a que os jovens são expostos. O que é extremamente importante, uma vez que cada realidade diversificada é vivenciada, porém determina níveis diversos de habilidades nos jovens praticantes, tornando alguns mais aptos a resolver problemas e conflitos com maior facilidade que outros; e por isso alguns tornam-se mais dispostos a enfrentar com maior facilidade as exigências da prática esportiva enquanto disposta especificamente em clube de Futebol.

3.2. ANALÍTICO

O Método Analítico é aquele cujos exercícios não retratam a realidade do que acontece em jogo. Geralmente disposto de forma individual, em duplas, trios, filas e etc, estes exercícios buscam o domínio dos fundamentos básicos individuais e coletivos para o esporte. Quanto mais bem trabalhado este método, teremos a técnica mais apurada adiante, porém não podemos compreender que este método sozinho seja eficaz uma vez que o jogo não acontece num universo analítico, mas sim integrado. Neste método trabalhamos de formas diversas os fundamentos de passe; recepção; condução; drible; chute e marcação. Na hora de planejar a utilização deste método o profissional ainda tem a liberdade de optar se o utilizará numa **prática por blocos** (passe, passe, passe, depois condução, condução, condução e assim por diante), numa **prática mesclada** (passe e recepção, passe e drible, drible e chute, entre outros) ou numa **prática integrada** (ao mesmo tempo em que se trabalha especificamente o método analítico também utilizam-se exercícios e jogos aproximando à realidade de jogo). Por isso acreditamos, assim, que este método deva ser trabalhado conjuntamente com o método Integrado, sempre.

3.3. ANALÍTICO ASSOCIADO AOS DIVERSOS FATORES

Este é o único método que não é adequado ao ensino da modalidade e sim somente ao **Treinamento de Alto Nível** – não sendo por isso adequado a crianças e jovens até os 17 anos de idade.

Este método visa treinar especificamente capacidades na busca de melhorar performances e obter resultados e está atrelado completamente à competição de alto nível, o que não é adequado a crianças e jovens. Estudos mais recentes demonstram que tal preocupação com a aplicação deste método deve se dar por volta dos **dezoito ano de idade** quando as capacidades técnica, mental e física atingem porcentagens aceitáveis para tal treinamento por demais específico.

3.4. INTEGRADO

O mais recente dos Métodos de Ensino caracteriza-se por aproximar aquilo que acontece na realidade do jogo por intermédio de Jogos Educativos inteligentemente dirigidos. Estes jogos foram criados ao longo de mais de vinte anos por professores e treinadores das diversas modalidades Esportivas dos Jogos Desportivos Coletivos, e também por isso do futebol e futsal, e utilizados tanto para a Educação Esportiva como para o treinamento com relativo sucesso sem, porém, levar em conta aspectos biológicos e pedagógicos capazes de sustentar sua aplicabilidade com bom respaldo científico. Lopes e Silva (2006) enfim desenvolveram um cuidadoso estudo dirigido ao futebol, respaldado pelos aspectos biológicos e pedagógicos que regem a modalidade, separando, dividindo e explicando cada forma de jogo até então existente. Neste estudo os autores apresentaram, assim, o método de uma forma muito convincente em três fases específicas de aplicação: as **Formas Jogadas**; os **Jogos Reduzidos** e os **Jogos Modificados**. Tal forma de aplicação renomeada pelos autores como **Método Integrado De Ensino** é também conhecido como **Método Apolo,** difundido que foi nos principais Congressos Nacionais e Internacionais pelo autor desta cartilha.

Vamos compreender cada uma dessas três fases:

3.4.1. Formas Jogadas

São jogos de caráter técnico, caracterizados pelos jogos de estafetas; jogos de arremates de precisão; jogos pontuados por número de ações conseguidas; jogos pontuados por ações temporais.

3.4.2. Jogos Reduzidos

São jogos de caráter técnicos, em campos reduzidos de jogo, caracterizados pelos enfrentamentos simples em igualdade, superioridade e inferioridade numérica. Sempre evita-se neste caso o 11x11 comum de jogo.

3.4.3. Jogos Modificados

São também jogos de caráter técnico que chegam a confundir-se com os Jogos Reduzidos, porém exatamente o que difere é o componente tático que entra em ação. Pois, nestes jogos, os jogadores passam a ter funções a cumprir, zonas de jogo a respeitar e o cunho tático fica mais evidente e enfatizado.

3.4.4. Compreendendo melhor esses jogos

Lopes e Silva não compreendem estas três fases de forma estanque, como qualquer linha desenvolvimentista possa parecer, pois acreditam os autores que o ser humano necessita de todo o tipo de informação o tempo todo por ser multifacetado. Apenas é lógico compreende-se que há situações na prática em que estes jogos devam ser colocados de forma adequada para que sejam compreendidos de acordo com a maturação dos alunos em questão.

Desta forma, como veremos mais adiante no Capítulo Cinco, tal estudo que é o mais recente sobre o método, baseia-se nos preceitos de desenvolvimento humano de Martin (1988) pelos seus aspectos biológicos, sobrepondo assim a Cartilha Holandesa de Futebol (1995) que até então era o único documento editado no mundo.

Ressalta-se a importância de aprofundar conhecimentos teóricos e práticos a respeito do Método Integrado de Ensino, o que foge aos propósitos desta cartilha e pode ser feito consultando a referência Lopes e Silva (2009), que se trata de um trabalho literário muito bem ilustrado e especificamente dirigido ao método mais recente de uma evolução natural dos métodos de ensino e treinamento.

4. DISCUTINDO MÉTODOS NÃO ESPECÍFICOS AO FUTEBOL E FUTSAL, PORÉM DE GRANDE VALIA NO TRABALHO FORMATIVO

Observamos que a aplicação dos Métodos Cooperativo e Recreativo são de sumária importância para o desenvolvimento pedagógico dos alunos.

4.1. MÉTODO COOPERATIVO

Não fica difícil imaginar que numa modalidade esportiva coletiva como o futebol, cooperar talvez, seja a maior qualidade a ser desenvolvida. Afinal conhecer o outro plenamente em suas qualidades e defeitos faz parte do dia a dia da prática esportiva e da vida em comum – uma vez que já dizia o antigo provérbio de autor desconhecido: "O Esporte repete a vida". Isso, porém, não é fato que acontece do dia para a noite. Exige, pois, muita convivência e experiências diversas num aprendizado em longo prazo.

As atividades cooperativas estimulam este melhor conhecer o outro em suas possibilidades, assim como colaboram no sentido de ter um grupo mais coeso e colaborativo no trabalho objetivado que é simplesmente o **jogar juntos**.

4.2. MÉTODO RECREATIVO

O Método Recreativo, por sua vez, não só fortalece o espírito grupal como descontrai e torna agradável o aprender a jogar futebol para crianças e jovens – o que não deve ser nunca encarado como uma obrigação ou como algo por demais comprometido com resultados competitivos, principalmente. É **brincando no esporte** e com atividades dirigidas – sempre – que nossas crianças e jovens vão crescer sadios e com uma base sustentável para entrar no devido momento – se assim tiver que ser – na fase de competições mais significativas.

5. AS FASES DE DESENVOLVIMENTO NO FUTEBOL E NO FUTSAL

A única cartilha editada em todo o mundo anteriormente a esta foi KNVB Holland (1995). Esta cartilha, pouco clara com relação aos Preceitos de desenvolvimento humano, utilizava formas de se aplicar o futebol para jovens de maneira adequada, apesar de não fundamentar ou discutir qualquer aspecto biológico. Editada em número bem reduzido, esta cartilha foi pouco acessada, lida e pouco utilizada por professores de futebol de todo o mundo unicamente pela simples dificuldade de acesso. Ganhou, porém, notoriedade e foi estigmatizada no meio do futebol como a "famosa Cartilha Holandesa de Futebol". Reconhecemos sua importância num determinado momento em que as discussões ainda afloravam nos anos noventa do século passado. Acreditamos agora que com a chegada do novo século e com a pormenorização dos problemas inerentes à área de Intervenções Pedagógicas no Ensino do Futebol, a Ciência, neste novo século, permitiu que o aprendizado gradual do futebol e futsal fosse mais bem discutido, adequado e explicado, sobretudo pelos aspectos biológicos e pedagógicos. Assim, muitas novas e excelentes informações surgiram a ponto de repensarmos as ideias do século passado e lançarmos uma cartilha capaz de discutir os aspectos que norteiam a prática do ensino do futebol e futsal em seu todo.

Desta forma, a distribuição a seguir, a nosso ver, sobrepuja a Cartilha Holandesa, uma vez que respeita os Preceitos de Desenvolvimento Humano de Martin (1988), sobretudo, bem como por isso prescreve atividades que utilizadas na prática, discutidas e observadas em pesquisa científica – Lopes e Silva (2006), convergem com o pleno entendimento e boa aceitação que envolvem a sua aplicação.

5.1. CRIANÇAS ENTRE 05 E 06 ANOS DE IDADE

Acreditamos que as **Formas Jogadas** por intermédio dos Jogos de Estafetas e Jogos de Arremates de precisão, principalmente devam ser a tônica da ênfase durante as aulas propriamente ditas para esta faixa etária em comum acordo com outro método específico que é o analítico. Pensamos desta forma exatamente sob as alegações de KNVB Holland (1995) que cita ser exatamente nesta idade que noções de direção e velocidade devam ter dirigidas a atenção dos professores.

Outros métodos não específicos ao futebol como o Cooperativo e o Recreativo também têm sua importância em outras fases da aula, utilizados de forma lúdica. Apesar do egocentrismo acelerado desta faixa etária, o Método Cooperativo é capaz de estimular o respeitar e o conhecer melhor o outro, colaborando em muito para etapas futuras.

5.2. CRIANÇAS ENTRE 07 E 12 ANOS DE IDADE

Os **Jogos Reduzidos,** por sua vez, devem ser aplicados para crianças nesta faixa de idade durante a aula propriamente dita, uma vez que nesta faixa etária os enfrentamentos comuns, objetivando vivências diversas de forma divertida no esporte, são por demais importantes. KNVB Holland (1995) neste caso, afirma que para esta faixa etária, devem-se propiciar habilidades técnicas descobertas por situações simplificadas de jogos de futebol, bem como instrução de questões técnicas.

Os jogos de **Formas Jogadas**, bem como as atividades da fase anterior, nesta faixa etária continuarão sendo utilizadas, porém em período da aula, que não o da aula propriamente dita, que de acordo com preceitos de desenvolvimento humano, a utilização do **Jogo Reduzido** será restrita, o que é mais apropriado nesta faixa etária.

5.3. JOVENS DE 13 A 17 ANOS DE IDADE

Os **Jogos Modificados** devem ser iniciados a partir dos treze anos de idade, uma vez que a partir desta idade o jovem está mais apto a receber gradualmente as informações mais complexas da modalidade. KNVB Holland (1995) diz que nesta faixa etária deve-se propiciar o exercício de funções do time por zona e posição e instrução de assuntos técnico-táticos. Lembramos que a preocupação central nesta faixa etária é a formação do jogador. Ressaltamos que cobranças acirradas quanto obediência a esquemas táticos não são adequadas nesta faixa etária. Conhecer e praticar os vários esquemas a partir dos 16 anos de idade, não significa efetivamente saber jogar, portanto, não adianta cobrar isso dos jovens.

Todas as atividades dispostas nas fases anteriores deverão ser utilizadas em períodos que não o de aula propriamente dita, que ficará restrito a aplicação do **Jogo Modificado**. As **Formas Jogadas** nos seus jogos mais complexos pontuados por número de ações conseguidas e pontuados temporalmente, ganham bom espaço nesta faixa etária também.

5.4. A PARTIR DE 18 ANOS DE IDADE

A partir de 18 anos de idade, por questão de maturação técnica, física e mental apropriadas, o jovem fica disposto a iniciar o treinamento de alto nível e a fase anteriormente descrita como **Analítico Associado aos Diversos Fatores**. KNVB Holland (1995) converge totalmente com isso, quando cita que nesta faixa etária devem-se propiciar Jogos de Treinamento. Nem por isso deixará de treinar na perspectiva do Método Integrado, uma vez que técnicos de futebol do mundo inteiro utilizam os Jogos Modificados, principalmente como forma de mais bem preparar suas equipes, uma vez que este método está diretamente ligado a bem trabalhar o mecanismo decisório dos atletas.

6. PRECEITOS DE DESENVOLVIMENTO HUMANO QUE REGEM AS FASES DE DESENVOLVIMENTO NO FUTEBOL E NO FUTSAL

Como vimos anteriormente nossos estudos prendem-se a aspectos biológicos de sumária importância na formação esportiva. Veremos na figura abaixo que as fases de desenvolvimento citadas anteriormente convergem com os Preceitos de Desenvolvimento Humano que Martin (1988) sugere como ideal. A prática aparece inadequada com um período invadindo o outro.

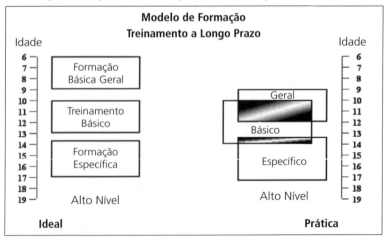

Adaptado de Martim (1998)

A Fase identificada pelo autor como de **Formação Básica Geral** – entre 06 e 10 anos, a nosso ver é exatamente uma fase que deve se dividir em duas partes: a ênfase durante as aulas propriamente ditas, entre as **Formas Jogadas** e **Jogos Reduzidos** de menor complexidade. Acreditamos que esta faixa etária no seu todo esteja compromissada com formação dos aspectos gerais que envolvem o ser humano quanto à educação por intermédio do esporte com base no lúdico. Pela experiência de anos na aplicação prática desses exercícios afirmamos que as **Formas Jogadas** devem ser utilizadas como ênfase nas aulas propriamente ditas para as crianças até sete anos de idade e que a partir dos oito anos de idade os **Jogos Reduzidos** são bem mais úteis e adequados às crianças na parte principal da aula, pois a criança de 7 anos vive o período que denominamos como transitório.

A Fase de Treinamento Básico – entre 10 e 13 anos – deverá ter ênfase em suas aulas propriamente ditas nos **Jogos Reduzidos**. Com base em Lopes (2007), compreendemos que a criança a partir dos 10 anos de idade já dispõe de condições para realmente mostrar gosto maior e manifestar decisão em dedicar-se mais a uma modalidade esportiva. Compreendemos esta fase ainda como uma adaptação da criança à modalidade e que deve ser extremamente rica em conteúdos dos diversos métodos discutidos neste trabalho, assim como a participação deva ser bem prazerosa às atividades propostas.

A Fase de Formação Específica – dos 13 aos 17 anos – deverá ter ênfase nas aulas propriamente ditas aos **Jogos Modificados** e acreditamos que os jovens a partir dos 13 anos de idade já estejam dispostos as informações mais complexas do esporte (de forma gradual), estando aptos a vivências em competições Regionais, Estaduais e Nacionais a partir dos 15 anos de idade. A partir desta faixa etária (13 anos de idade) o 11x11 é de extrema importância no trabalho de formação. Vejam bem que dissemos entender que os jovens estejam aptos às vivências nessas competições e não aptos às cobranças de resultados e performances exagerados nestas competições. Pois, estão ainda em processo de formação e tais cobranças deverão ser efetivadas apenas a partir dos 18 anos de idade quando os jovens estão dispostos ao alto nível e atingem porcentagens aceitáveis dos seus aspectos técnico, físico e mental.

Os Estudos médicos mais recentes, voltados para os esportes, discutidos durante os principais Congressos do mundo, a exemplo do Europe College of Sport Science Congress, citados por Lopes (2007), mostram a importância de se respeitar os limites existentes em cada fase de maturação das crianças e dos adolescentes como forma de não forçar ensinamentos e treinamentos que possam colaborar para a especialização e saturação precoces, bem como também para o abandono precoce da modalidade. O que gira em torno de 87% na faixa dos dezesseis anos de idade, atualmente no Brasil. Fato que por si só coloca em dúvida a metodologia adotada por professores.

Segundo estes dados, uma criança em formação tem nas diversas idades a seguinte porcentagem de:

Formação Técnica
- 7 anos 05%
- 12 anos 10%
- 15 anos 40%
- 20 anos 70%
- 24 anos 90%

Formação Mental
- 01 ano 25%
- 07 anos 35%
- 10 anos 50%
- 17 anos 70%
- 23 anos 90%

Formação Física
- 01 ano 30%
- 07 anos 40%
- 10 anos 50%
- 17 anos 70%
- 23 anos 100%

Lopes (2007) cita um aspecto importante a partir dos dados médicos discutidos acima, que vale ressaltar. O fato de que se devem proporcionar vivências de acordo a maturação dos alunos, sobretudo para não afetar a formação do psicológico. Afirma por isso, que dar a qualquer criança títulos de expressão em competições significativas não é o caminho mais adequado, uma vez que um título Regional, Estadual ou Nacional para uma criança de 08 anos de idade, por exemplo, como acontece principalmente no futsal, não parece uma coisa aceitável na medida em que uma criança nesta idade não conhece, muito menos identifica com facilidade, sequer a sua região. Além do fato que apresenta uma média aproximada de apenas 7,5% de formação de sua capacidade técnica, 42,5% de sua capacidade mental e 45% de sua capacidade física. Segundo o autor, uma sequência de títulos significativos precoces podem acarretar na adolescência – período natural de conflito nos jovens – um sentimento de dever cumprido no exato momento em que se deveria estar mais motivado a conquistar tais títulos. Conclui o autor que uma vida de excessos de treinamentos e aprisionamento dos alunos em horários maiores de aulas (do que o convencional) podem ser o principal caminho para os jovens na adolescência buscarem uma liberdade maior que deixaram de ter enquanto crianças.

São vários os autores que tratam sobre o tema Pedagogia do Esporte nos Jogos Desportivos Coletivos e que citam aspectos negativos da especialização precoce. Fato que nos leva a crer ser uma comum no Esporte Brasileiro, nas diversas modalidades esportivas, que não só no futebol e futsal, por ritos culturais.

Gomes e Machado (2001), por exemplo, citam algo curioso de ter observado que, enquanto as categorias menores estiverem sendo divididas com o intuito principal de melhorar performances em competições significativas, não se atingirá o objetivo principal que é o de bem formar alunos. Isso porque a competição significativa, assim como toda a preparação que exige (treinamentos de alto nível), não faz – ou pelo menos não deveria fazer – parte do universo da criança. Ferreira (2002) chama atenção para a necessidade de uma divisão de níveis por habilidade, porém para não colocar em risco o bom desenvolvimento pedagógico dos alunos. Enquanto a literatura aponta no sentido de corrigir esta pequena confusão que se faz entre separar para ensinar melhor e separar para competir melhor, na prática vemos a efetiva preocupação de professores com a competição precoce.

Concordamos desta forma plenamente com Santana (2004) quando ele aponta este caminho:

> *"A pedagogia do esporte não se resume a métodos de treinamento. É mais complexa (princípios, objetivos, estratégias, comunicação, conteúdos, sensibilidade, diálogo com o sistema humano). Valores que permeiam o competir, como participação, alegria, entrega, cooperação, perseverança, autoestima e o próprio aprendizado técnico e tático, raramente são considerados relevantes (...). O que se pode discutir, e talvez isso seja relevante, é o tratamento que os professores dão à competição."* (Santana, 2004)

Neste caso, transferindo especificamente para o ensino do futebol e futsal, fica claro na infinidade de colocações existentes na literatura, por diversos autores, que muitas coisas importantes são deixadas de lado no ensino destas modalidades em troca do apenas se preocupar com a formação de mini-atletas aptos para competições adultas, impostas as crianças. Vemos, desta forma, a importância de proporcionar um ensino e treinamento respeitoso, motivador, variado e inteligente como o que discutimos e sugerimos nesta cartilha.

Neste momento, podemos dizer que o Brasil pormenoriza muito bem os problemas complexos advindos do século passado no campo da pedagogia dos esportes. A ponto de ir a campo ver o que acontece e conseguir apontar caminhos metodológicos ricos em conteúdos e ações eficazes. O sucesso do Brasil no futebol e no futsal sempre foi e será indiscutível, mas talvez pudesse ser melhor à medida que ainda se desperdiça muitos talentos durante o processo de formação esportiva. A efetiva contribuição da ciência, neste caso, é necessária, como acontece aqui.

7. APRENDENDO COM O APOLINHO

O personagem Apolinho e seus coleguinhas foram criados com o objetivo de dar ao professor a oportunidade de **discutir e internalizar** de forma divertida, junto aos seus alunos, alguns temas transversais tão importantes para a formação humana, a partir de dez interessantes histórias em quadrinhos. Os temas são baseados principalmente no que diz o Manifesto 2000 por uma Cultura de Paz e Não Violência – ONU/UNESCO e, sobretudo, com base no que se discute no Relatório Mundial de Cultura de Paz (2007), dois documentos que falam intensamente sobre a necessidade de eliminar todas as formas de discriminação e intolerância, incluindo as que se fundamentam em raça, cor, língua, religião, opinião política ou de outra índole. Também tem-se como base a teoria das Inteligências Múltiplas de Gardner (2002) a partir do momento em que as histórias proporcionam ao professor uma gama enorme de outras possibilidades que não somente as propostas diretamente. Pois, também, pode-se pintar os personagens, recortar e colar, desenhá-los (e assim, por que não criar novas histórias), representá-los, enfim, uma diversidade de motivadoras atividades direcionadas à criança, estimulando também a criatividade.

Todas as histórias se passam no campinho de bairro, entre amiguinhos, o que retrata a realidade das crianças de nosso país e por isso torna esta uma ferramenta capaz de agir diretamente nos alunos de modo a bem relacionar a ficção às suas realidades.

Propomos ao professor a utilização de uma história por mês a partir de fevereiro, o que converge plenamente com o ano letivo e culmina exatamente no fato de a última história, que discute a **importância da diversidade racial,** poder vir a ser utilizada no mês de novembro, justamente durante a **Semana da Consciência Negra.**

Apolinho, assim como seus amiguinhos, Vandercleido, Golberino e Gesunfânio, foram criados e desenvolvidos pelo **Prof. Ms. Alexandre Apolo da Silveira Menezes Lopes**, com base em acontecimentos de sua infância e também de sua longa e feliz carreira profissional como professor, ativa em Comunidades Carentes. A sugestão para o surgimento desta ideia partiu de um dos Diretores do Instituto Wanderley Luxemburgo – IWL – que buscava, no ano de 2008, a criação de uma ferramenta adequada para ajudar o IWL a trabalhar junto à construção do legado para a **Copa do Mundo de 2014**, no Brasil. Apesar do projeto não ter sido levado adiante no IWL, mediante o desligamento do respectivo Diretor daquele Instituto, a **Ícone Editora**, porém, teve o projeto em mãos, e logo assimilou a ideia e a importância dessa interessante ferramenta educativa ser trabalhada previamente no contexto dos professores de Educação Física Escolar e também da Educação Esportiva. Por isso, resolveu dar vida útil ao personagem e às histórias, como forma de buscar inicialmente o reconhecimento dos professores e fazer com que previamente se cumpram os objetivos para o qual o projeto inicial foi proposto. Entendeu-se, desde o inicio, **autor** e **editora**, que, dessa forma, agrega-se mais valor ao personagem, trabalhando-o na prática e integrando-o de forma natural ao legado da citada **Copa do Mundo de 2014** no Brasil, com toda uma história e reconhecimento de profissionais em torno dele, ainda que colaborando direta e significativamente para a construção do **homem** brasileiro, que esperamos ter para o Século XXI.

PARA PINTAR

Apolinho e sua inseparável
bola de futebol

**Apolinho ensina a ser craque
na bola, na escola e na vida**

Apolinho não gosta de brigas:
animais brigam porque não sabem falar,
o homem tem o dom de conversar,
por isso não é preciso brigar.

SER SOLIDÁRIO É FUNDAMENTAL

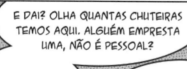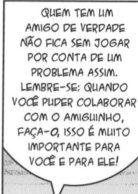

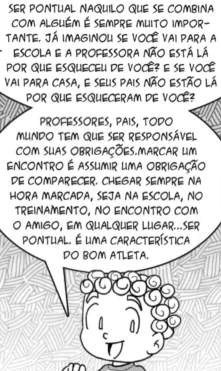

8. BIBLIOGRAFIA

BUNKER, David & THORPE, Rod. **A model for the teaching of games in secondary schools**. The Bulletin of Physical Education. v.18, p. 5-16, 1982.

FERREIRA, Antonio Paulo. **Ensinar os jovens a jogar... A melhor Solução para a Aprendizagem da Técnica e da Táctica**. Revista Treino Desportivo. N° 20, 3ª série. Ed. CEFD, Out. 2002.

FUNDACIÓN CULTURA DE PAZ. **Relatório Mundial de Cultura de Paz**, Barcelona, 2007.

GARDNER, Howard. **Estruturas da Mente: A Teoria das Inteligências Múltiplas**. Porto Alegre, Artes Medicas Sul, 2002.

GOMES, Antonio Carlos e MACHADO, Jair de Almeida. **Futsal Metodologia e Planejamento na Infância e Adolescência**. Londrina, Editora Midiograf, 2001. p.19

KNVB Holland.**The Royal Dutch Soccer Federation – The Dutch Vision on Youth Soccer**. Zeist , January 1995. p. 8a., 14, 20 e 22.

LOPES, Alexandre Apolo da Silveira Menezes. **A Criança e o Adolescente no Esporte**, Phorte Editora, São Paulo, 2007.

LOPES, Alexandre Apolo da Silveira Menezes & SILVA, Sheila Aparecida Pereira dos Santos. **Método Integrado de Ensino no Futebol**, Phorte Editora, São Paulo, 2009.

LOPES, Alexandre Apolo da Silveira Menezes & SILVA, Sheila Aparecida Pereira dos Santos. **Treinamento Integrado como Intervenção Pedagógica no Ensino do Futebol**. Dissertação de Mestrado, Universidade São Judas Tadeu, São Paulo, Dezembro de 2006.

MARTIN, Dietrich. **Training im Kindes – und Jugendalter**. Schorndorf, Hofmann – Verlag, 1988.

PROENÇA, Jorge. **Metodologia do Treino Desportivo**, Ludens, Vol. 6, nº 3. Abril/Junho,1982, p.10

RAMOS, Silveira. **Treino integrado necessidade ou redundância**. Revista Treino Desportivo Especial, 3ª Série, CEFD, ano I. Out. 1998

SANTANA, Wilton C. **Futsal: Apontamentos Pedagógicos na Iniciação e na Especialização**. Campinas: Autores Associados, 2004.

SILVA, Monge da. **Teoria de Treino**, Revista Treino Desportivo, nº 2, Agosto, 1985, p. 51.

VILLAR, Carlos del, **Ludens**, Vol. 8, nº 1, Out./Dez. 1983.

ZERHOUNI, Med, **Principes de Base du Football Contemporain**. Fleury Editions, s.d.

Cursos e palestras com o autor deste trabalho podem ser tratados pelo e-mail **profapolo@profapolo.com.br**.

Visite o site **www.profapolo.com.br**